I0200577

Jazbaat Ki Baasha

Jo dil se aati hai

Akshata Adishesha

/ BookLeaf
Publishing

India | USA | UK

Copyright © Akshata Adishesha
All Rights Reserved.

This book has been self-published with all reasonable efforts taken to make the material error-free by the author. No part of this book shall be used, reproduced in any manner whatsoever without written permission from the author, except in the case of brief quotations embodied in critical articles and reviews.

The Author of this book is solely responsible and liable for its content including but not limited to the views, representations, descriptions, statements, information, opinions, and references ["Content"]. The Content of this book shall not constitute or be construed or deemed to reflect the opinion or expression of the Publisher or Editor. Neither the Publisher nor Editor endorse or approve the Content of this book or guarantee the reliability, accuracy, or completeness of the Content published herein and do not make any representations or warranties of any kind, express or implied, including but not limited to the implied warranties of merchantability, fitness for a particular purpose.

The Publisher and Editor shall not be liable whatsoever...

Made with ❤ on the BookLeaf Publishing Platform
www.bookleafpub.in
www.bookleafpub.com

Dedication

To everyone who believed in quiet dreams and gentle
beginnings, this book is for you. Your love, patience, and
hope have been the silent lights guiding my words home.
May these pages return a portion of the kindness you
have shown to me

Preface

This collection is a tribute to the language of our streets, homes, and hearts: "Hinglish." Here, every poem speaks in a blend where Hindi meets English, reflecting the way we truly talk — natural, expressive, and effortless. These verses are inspired by daily life and honest emotions, using words familiar to everyone who navigates between two worlds. Whether you read for comfort, laughter, or reflection, let these poems remind you that true feeling flows best in the language we use most. Welcome to my world of "Hinglish," where every line belongs to all of us.

Acknowledgements

I wish to express my heartfelt gratitude to my parents, whose constant support and encouragement have guided every step of this journey. A sincere thank you to my siblings and their families, whose warmth and understanding have always provided strength and reassurance.

I would especially like to thank my niece and nephew to be my source of inspiration to do and be something good.

1. Yaarana

Badi muddaton ke baad jo yaari mile, wohi sabse khaas hai.
Umr guzar jaayegi aur yeh baat reh jaayegi, ke bas uski yaadein hain jo mere paas hai.

Chaahe lakh ladh jhagadle sach toh yahi hai, ke aakhir wohi tha jo samajtha tha.
Waqt ke beethe hum, raahon mein yoon Ghum ho jaayenge yeh maine socha kab tha.

Agar waqt se aage chalne ki horde se waqt mile.
Toh Zara peeche mudke dekhna,
Shaayad aaj bhi woh tumhe wahin khada mile.

Chahe tum kitna bhi kehlo, maango tumhe kya chahiye, jo tum chaho woh tumhara hai.
Uss yaar ke hothon pe yahi alfaaz hongey,
Yaara Teri yaari ke sivaaye mujhe kuch nahi chahiye.

Chaahe sab tumse naraaz ho kyunki tum unka haath

chodke raahon mein akele aage badh gaye hongey.
Par woh tera yaar hi hai jo sabse peeche hokar bhi tere
liye taali bajaate khada hoga.

Woh yaarana hi hai jo rab ki hasi jaisi khilti hai.
Isse gawana mat doston,
aisi yaari badi kismat waalon ko milti hai.

2. Tyohaar

Har koi apni life mein busy hota hai,
Par apna sab kuch chodkar, parivaar ke saath jud jaata
hai,
Jab koi tyohaar aata hai.

Har ek tyohaar apne saath ek kahaani laata hai,
Kahaani jeet ki, pyaar ki, parivaar ki aur burai par acchai
ki.

Tyohaar ghar mein khushiyaan laata hai,
Parivaar ek saath rehkar, khushiyon ke rang bikherta
hai.

Mihai, tohfe, hasee, yeh saare inaam kamaata hai,
Apne saare rishtedaar se milne ka unse pyaar aur khushi
ke lamhe baanta hai.

Jinse bachpan apna poora hua voh bhai yaad aate hain,
Unke saath bithaaye paanch minute bhi apna bachpan
lautaate hain.

Apna kaam, makaam, paisa sab bhoolkar, sab log ek
saath tyohaar manaate hain,
Isiliye toh hum sab insaan kehlaate hain.

3. Paisa

Yeh aisi kaagaz hai,
Jiske peeche poori duniya marti hai.
Kisi ke paas thoda,kisi ke paas Kam,
Par sabke paas zaroor hoti hai.

Yeh duniya ki aisi zarurat hai jiske liye,
Kisi ke paas waqt nahi hota Rishton ke liye.

Har aadmi chaahta hai ho uske paas bharpoor,
Yeh karta hai toh sir aadmi ko aadmi se door.

Na yeh buri cheez hai aur na hai isme koi acchai,
Doston ko chodo jhagda karte hain bhai bhai.

Na pyaar hai, na koi rishta, kaagaz hai yeh kaisa,
Insaan - insaan mein farq dikhaata hai yeh paisa.

4. Pyaar

Itna anokha hai yeh ehsaas,
Banaata hai do logon ke rishte ko bahut khaas.

Yeh shuru hota hai dil se kyunki woh mulaayam hai,
Isi pe toh yeh poori duniya kaayam hai.

Isme pad ke log khush hote hain, par kabhi - kabhi laata
hai aankhon mein aansu,
Hamesha - hamesha ke liye, kisi ka hona yeh feeling hai
dhaansu.

Yeh tiki rehti hai poore bharose par,
Iski wajah se kaabu nahi rehta dil par.

Aisi patang hai yeh jo udaata hai insaan ko saatve
aasmaan par,
Iske saamne toh bhagwaan bhi jhukaate hain apna sar.

Iss ek ehsaas mein hai poora dam,
Iske baare mein jitna kaho utna hai kam.

Iski dor se bandi hai saara sansaar,
Yahi toh hai doston jo kehlata hai PYAAR.

5. Baapu ka sapna

Kitne firangi aaye aur gaye,
Baapu naa dare, balki datke khade rahe.

Jab desh Sankat mein pada raha,
Tab unhone shuru kiya Satyagraha.

Unhe banana tha bharat ko swarg,
Jiske liye unhone chuna, Ahimsa ka marg.

Shuru hui firangiyon ki barbaadi,
Mili bharat ko aazaadi.

Jab bharat ko mila uska parinaam,
Amar ho gaye baapu, leke Ram naam.

Baapu ka tha sirf ek hi Sapna,
Bharat desh ho sabka apna.

Hindu, Sikh, Muslim, aur Isai,
Sab banke rahe bhai - bhai.

Chalo banaaye bharat ko sab ka apna,
Poora karen baapu ka yeh Sapna.

6. Mera Desh

Mera desh hai itna mahaan,
Sab karte hain uska sammaan.

Anekon nadiyan behti ismein jaise,
Krishna, godavari aur Tunga.
Ek aur pavitra nadi hai jiska naam hai Ganga.

Charon taraf phaili hai hariyaali,
Jeev, jantu hain itni saari.

Yeh desh hai gyaan ka saagar,
Isse achcha kahin nahi milega baahar.

Bachchon ko yahi sikhaya jaata hai,
Bharat ko bhi Maa kaha jaata hai.

Kandhon se milte hai kandhe,
Yeh desh ke vaasi hain ek duje se bandhe.

Ek Dusre se karte hain itna pyaar,
Yeh desh hai poora ek parivaar.

7. Chaand aur Taare

Ek Chandra aur sau hain taare,
Aakash mein yeh kitne pyaare.

Raat mein hoti sundar aakaash,
Main bhi ek taara hoti kaash.

Chaand hai badi khoobsurat,
Par natkhat hai taaron ki harkat.

Chandra grahan hota hai jab - jab,
Dharti par kathinayi badti tab - tab.

Chandra ko milti prakash surya ki,
Par taare hain alag hi chamakti.

Raat mein jab ek bachchi roti,
Maa usko chaand dikhaakar sulaati.

Chaand aur taare itne hain pyaare,
Ki raat mein voh hain sabke dulaare.

8. Janamdin

Har ek insaan ki zindagi mein aata hai ek aisa din,
Jab woh manaata hai apna janamdin.

Use milti hai bahut saari Dua aur badhaai,
Khaane ko milti hai dher saare pakwaan aur mithaai.

Janamdin par sab banjaate hain bachche,
Jo jhoote nahi balki hote hain mann ke sachche.

Unke dil mein nahi hoti koi khot,
Dil hota hai saaf,
Unki sharaarat hoti hai maaf.

Iss din nahi hota unhe koi tension.
Unko milta hai poora attention.

Cut karni hoti hai unko cake,
Jo Bahar se laayi jaati hai, ya ghar mein hoti hai bake

Sabke liye yeh din hai khaas,

Kyunki unko pyaar karne waale hote hain unke paas.

9. Meri Pyaari Behena

Aisa koi din nahi, naa koi tyohaar,
Jo dikha sake beheno wala pyaar.

Jab koi rulaaye toh tumhe hasaati hai,
Tab hi toh woh " personal bestie" kehlaati hai.

Bhale ki maa - baap se chup jaaye baat kali,
Par didi se chup jaaye, yeh ho sakta nahi.

Aapki har baat bin bataaye jaan ne waali,
Bin behena ki zindagi lagti hai khaali - khaali.

Papa ke daant se hamesha bachaati hai,
Uske jaisa duniya mein aur koi ho hi nahi sakti hai.

Tu itni pyaari hai ki kya kehna,
Hamesha rahegi meri sabse pyaari behena.

10. Papa

Betiyaan apne papa ki pariyaan hoti hain,
Par achaanak bade ho jaane par, pata nahi yeh rishta
kahaan kho jaati hain.

Naraazgi jataane ke liye bahut alfaaz mil jaate hain,
Lekin pyaar jataate waqt wohi zubaan chup ho jaati hain.

Yun toh 100 dafa apne papa ke pocket se paise liye hain
humne,
Par jab unhi papa ko apne paise dete hain toh bahut
khushi milti hai hume.

Par hum unko yeh kyun nahi bata paate hain ki,
Kehna toh bahut kuch hai papa, par keh nahi paati hoon,
Ki main tumse kitna pyaar karti hoon.

Yoon toh hamesha tumse ladti hoon,
Par tumhe khone se main daeti hoon.

Tum saath ho toh sab kuch achcha lagta hai,

Tumhara haat choot jaane par bahut darr lagta hai.

Jataaya toh shaayad kabhi nahi, par ab yeh baat bataani
hai,
Hamesha tumhaare saath rehkar, apni ziddien manvaani
hai.

Sabse jaakar yeh kehdoongi main,
Ki mujhse na takraana kyunki,
Apne papa ki pari hoon main.

11. Maa - Bachche

Iss duniya mein sab se pyaara maa - bachchon ka naata
hai,
Iss naate ko koi duja kahaan samajh paata hai.

Bachche bigad jaaye toh maa ko hi sunna padta hai,
Aur maa ke liye uska bachcha poori duniya se lad jaata
hai.

Chaahe kahin bhi chale jao, is gol si duniya ke kone
mein,
Maa ka aanchal aur godh hi chahiye bachchon Ko sone
par.

Log mujhse poochte hain ki bhagwaan ko dekha hai,
Toh main kehti hoon:
Line mein khade hoke dhakke khaaye par woh nahi mila,

Thak haar ke ghar pe jo meri maa ko Awaaz di,
Toh phat Se saamne aagayi haath mein paani ka glass
liye.

Aap sab mandiron mein dhakke khaate ho bhagwaan ke khoj mein,
Par main lucky hoon, kyunki woh roz dikhte hain meri maa mein.

12. Yuva se yuva tak

Girna nahi hai tujhe,
Phir uthke chalna hai.

Bhale khudpe hazaaron vaar ho,
Uthke khudi sambhalna hai.

Sahara lene ki nahi dene ke kaabil bankar,
Kisi ke aage bahi jhukna hai.

Nahi haar maan tu,
Jeet ki tayyaari Kar,

Kyunki tujhe hi toh haath thaam Kar,
Desh ko aage badhaana hai.

13. Pyaar ki khoj

Jo prem Radha rani se kiya,
Vaisa kanha kisi se naa Kar paaye.,

Milne ki chaah toh bahut thi,
Par dono kabhi ek naa ho paaye.

Aaye the dharti par prem sikhaane,
Aur sikhaake chale bhi gaye,

Par woh hum manushya hi hain,
Jo unke prem ke path pe naa chal paaye.

Meera ji ne jaadu kiya tha,
Sabke dil mein prem bhara tha.

Bas kuch samay ki baat thi,
Phir phoote dwesh ke angaare the.

Jo inke seekh ko bhool jaaye,
Unhe aur kaun sudhaar paaye.

Phir kabhi naa yeh kehna,
Ki hey Krishna humaare sang rehna.

Bisar gayi Jo Radha rani,
Toh samjho ki khatam kahaani.

Yadi dhoondna hai Radhakrishn ko

Jhaanko mann ke saagar mein,
Hataao dwesh ke angaaron ko,
Tab hi toh prem ke phool khilenge,
Usi prem ke dwaar Par, tumko
Radhakrishn milenge

14. Azaadi

Azaadi ke avsar par mai yeh kehna chaahoongi,
Jo shaheed huye maa ke liye unko bhool na paaungi.

Haste haste kat gaye bachche maa ke aanchal par,
Main bhi raksha karoongi,chahe katne do mera yeh sar.

Aaj humaare Hindustaan ke azaadi ka parv hai,
Hum iss desh ke vaasi hain, jispe humko sadaa garv hai.

Apne bachchon ki kurbaani dekh, bhaarat maa bhi khoob
royi,
Aaj hum isliye aazaad hain, kyonki saalon pehle iski
pehel huyi.

Aaj humaare Hindustaan ke azaadi ka parv hai,
Hum iss desh ke vaasi hain, jispe humko sadaa garv hai.

15. Bhai

Bhai woh ibaadat hai jo,
Har dua se badhkar hai.

Bhai woh deewaar hai jo,
Har mushkil se lad jaata hai.

Har behen ka ek rakhak hai,
Jo uspe aanch naa aane deta hai.

Ek dhaage ne yeh poora rishta apne mein sameta hai.

Bhai hamesha apni beheno ki khoob khichaayi karte
hain,

Phir bhi uske ek aansun par, bhai ka dil bhi phigalta hai.

Chaahe jitna door ho bhai, teri har baat woh yaad aayegi,
Meri raakhi tumko apne khatti - meethi rishte ki yaad
dilaayegi.

Bhai behen ka rishta, duniya mein sabse anokha hai,
Ek dhaage ne yeh poora rishta apne mein sameta hai.

16. Kale gore ka bhed

Kyun itna Kala, Kala karte ho
Jis Krishna ko tum poojte ho,
Voh bhi toh poora Kaala tha.

Shyamal rang ka Shyama woh,
Phir bhi sab ka matwala tha.

Jab vishwas ho khudpe toh,
Kaale, gore ka bhed mit jaayega.

Itne oonchaai chuoge, ki gora bhi Kadam choomne
aayega.

Jo ladki yeh soche ki,
kaalapan sundar nahi, gora hi khoobsurat hai,
Pandavon ki draupadi woh krishnaa aaj bhi Sundarta ki
murat hai.

Logon ko lagta hai ki kaala hona ek shraap hai, Par
sachchai toh yeh hai ki,

Sabse gore uss chaand mein bhi daag hai,
Ek kaala hi hai jo Sunday aur be-daag hai.

17. Kaash main ek bachchi hoti

Kaash main ek bachchi hoti,
Maa ki godh mein so paati.
Papa ka woh Kandha milta,
Jispe khushi khushi main Chadh jaati.

Naa koi takraar hota,
Na hoti koi uljhan,
Hota toh bas shararatein aur
Pyaara sa humara bachpan.

Roothun toh manaate mujhe,
Rooun toh hasaate,
Koi nayi kahaani bunke,
Roza raat ko sulfate mujhe.

Pyaar tab bhi tha, pyaar abhi bhi hai
Bas bachpan woh kahin kho sa gaya,
Voh laad tab bhi tha, aur abhi bhi hai
Bas voh natkhatpan kahin ghum ho Jaya.

Sabki laadli ban kayin saal bitaaya tha,
Sabka itna pyaar jo paaya tha.

Duniya ki raftaar mein, voh laadli peeche reh gayi,
Bas yaadein baaki reh gayi.

Kaash waqt wahin pe tham jaata,
Jahaan sabka bachpan laut aata,
Sabke dil mein pyaar aur masoomiyat hoti,
Aur waqt ka kisi ko naa darr hota.

18. Mamta ka mandir

Sabse ooncha tera bhawan hai,
Tujhse choota toh kahaan ghar hai,
Mera Ghar toh dil hai tera,
Tere bina yahaan kaun hai Mera.

Teri mamta bani Sahara,
Meri hai tu toh jag saara,
Mere aansun har leti hai,
Jeevan mein khushiyaan bharti hai.

Tu meri maa hai, tu hi jahaan hai
Tere jaisa dooja kahaan hai.
Tu bholi hai, tu hi shakti,
Main toh karoon sirf teri bhakti.

Jo kuch hoon tu ne hi diya hai,
Teri wajah se yeh jeevan jiya hai,
Bin maangey sab kuch deti hai tu,

Maa tu hi bhagwaan hai.

19. Jaadugar

Aaj hum unse milne aaye hain,
Jinke deedaar ke liye naa jaane Kab se dil thaame baithe
hai

Jinke saath hasne ke liye,
Intezaar kiye baithe hain.

Aap woh shaks ho jinka poori duniya ko besabri se
intezaar karte hain,
Sab ke aasuon ko muskuraahat mein badal dein aap woh
jaadugar hain.

Aap ko naa dekhe toh aisa lagta hai, ke muskuraane ki
koi wajah naa ho,
Aapke deedaar hote hi maano
Khushiyon ki bahaar aayi ho.

Fursat ki ghadi mein, hasne ke liye, bhagwaan bhi jisko
sunne ki tamannah rakhta hai,
Kapil Sharma sir aap woh ho jispe, yeh poora desh garv

karta hai.

Aapko aankhon ke saamne dekh kar dil khushiyon se
bhar aayi,
Maano barson ki adhuri khwaish aaj poori ho gayi.

Aap yunhi hasaate rahein yeh hum sabki ki guzaarish
hai,
Sabki khushiyon ka khayal rakhnewala hamesha khush
rahe yeh humaari khwaaish hai.

20. Dil- Aankhein- zubaan

Khushi ho ya ghum, yeh dil sab kuch sehta hai,
Uski bhi sunlo kyunki, har dil kuch kehta hai,
Bahut log aayenge, gyaan de jaayenge,
Kisi ki mat sunna,kyunki ek dil hi hai jo hamesha sach
kehta hai.

Yeh aankhein bhi kamaal ke hain,
Bina bole hi bahut kuch keh jaate hain,
Kisi apneki khushi mein khush aur dukh mein dukh ke
aansuon ki bead laate hain,
Aur wahin hai jo dil ki baat ko aine ki Tarah bod dete
hain.

Jab kabhi dil jawaab naa de paaye to zubaan kaam aati
hai,
Chaahe taareef chahe shikayat, apne saare lafz bol paati
hai,
Magar yeh sirf ek hi baat se darti hai,
Ki ise khud pe jitna hai uss se zyaada duskron ka dimaag
iske baaton mein aa jaati hai.

Bhale hi alag alag kaam aati hai, magar ek dusre ko
zarurat aane par ek dusre ki aina ban jaati hai.

21. Ek meetha sa rishta

Aayi thi kuch waqt pehle,
Sapno ka shehar, ek sapna lekar.

Suna bahut kuch tha, Par ek baar dekhna bhi tha,
Ki aisa kya tha, Jo sab ke honthon pe, bas isi ka naam
tha.

Dekh Kar laga, kaisa shehar hai yaar,
Har kisiko apnaata hai, karta uska beda paar,
Har koi jee sake chaahe jaisa ho uska ghar sansaar.

Mujhe bhi toh isne apnaaya,
Jab ki isse main bilkul alag thi,
Iske bahaav aur mera nazariya bilkul nahi milti thi.

Phir bhi maano pyaar ka rishta hai humaare beech,
Par aksar wohi prem kahaani sachchi hoti hai jo kabhi
mil nahi paate hain.

Isliye main bhi jaa rahi hoon iss shehar ko chodke, is

umeed mein ke yeh humesha mera intezaar karega, aur
kabhi na kabhi hum phir milenge aur yeh mujhe phirse,
pyaar se apnaayega.

Bhale hi yahaan ka safar chota kyun na raha ho, maine
seekha bahut hai,
Aise rishte mile jo parivaar ban Gaye,
Aise guru mile jo mujhe mere har nakhre ke saath
sambhale aur mujhe jeene ki raah dikhaayi.

Sach kahoon na, toh ek darr sa tha, kahin nayi jagah
jaake,main badal toh naa jaaungi?
Par kya bolu, badal main nahi yeh shehar gaya aur mere
hisaab se khudko dhaal liya.

Jahaan bhu rahoon, tum hamesha dil mein rahoge,
Laut ke zaroor aaungi, aur tab tumhaare dil mein ghar
banaaungi.

www.ingramcontent.com/pod-product-compliance
Lightning Source LLC
Chambersburg PA
CBHW050949030426
42339CB00007B/359

* 9 7 8 1 8 0 7 1 5 7 0 5 0 *